LICHTWELTVERLAG
WIEN

1. Auflage 2018

Lichtweltverlag JJK OG, Albertgasse 49/13+14, A-1080 Wien
E-mail: office@lichtweltverlag.at
Telefon: +43 (1) 944 65 09
Telefax: +43 (1) 253 30 33 1750

www.lichtweltverlag.at

Druck+Gesamtherstellung: Druckerei Janetschek GmbH, Heidenreichstein, Waldviertel, UW-Nr. 637. Gedruckt in Österreich nach der Richtlinie „Druckerzeugnisse“ des Österreichischen Umweltzeichens, auf dem FSC-zertifizierten Papier Münken Print Cream, chlorfrei gebleicht, aus nachhaltig bewirtschafteten Wäldern und kontrollierten Quellen.

MIX
Papier
FSC FSC® C001924

ISBN 978-3-9503586-7-4

JAHN J KASSL

ATMAR

JENSEITS ALLER KONZEPTE

Ich bin ATMAR

Alles ist eins.
Ich bin unteilbar.
Licht, Bewusstsein und Liebe.
Ich bin spiegelverkehrt.
Durchdringe das Wesen der Dinge
und du bist bei mir.

ATMAR

INHALT

I TAM TE I TAM

1. AKKORD

„DENKT GUTES ÜBER EUCH SELBST!"

Du bist Gott, Du bist Mensch, Du bist das Sein,
Du bist die Liebe, Du bist das Leben,
Du bist die Ewigkeit, Du bist das Nichts,
Du bist das Alles, Du bist unendlich,
Du bist die Allgegenwart, Du bist wirklich,
lebendig und unvergänglich – Du bist, der Du bist und:

Du hast noch keine Kenntnis davon!

I TAM TE I TAM
(Gott in Dir bist Du)

Nun:

Ich bin ATMAR –
Ich teile mich mit, in dieser Zeitqualität, durch Jahn –
und dies ist ein „Ausflug" in dieses Bewusstsein,
doch es ist ein dringlicher Ausflug, damit ihr begreift,
wer, was und wodurch ihr seid!

Es ist der Zeit angemessen, dass ich nun eintrete in die Wirklichkeit von euch, die ihr nur wenig von mir wisst. Vor allem, da ihr wenig darüber wisst, welche Kraft ihr in euch selbst beherbergt und da ihr noch nicht genug dazu wisst, wie ihr diese abrufen, hervorbringen und leben – ja zum Leben erwecken – könnt.

Wir gehen an die Themen, ohne zu zögern, denn wer jetzt noch wartet, versäumt das, was er erwartet.

Gut, so weit gut, wisset:

ICH BIN ATMAR, DAS BEWUSSTSEIN DER
AUGENBLICKLICHEN GOTTESERKENNTNIS,
SO ES EINEN GUTEN BODEN VORFINDET.
UND DAVON IST AUSZUGEHEN,
DENN ICH SEHE NUR BEFREITE, OFFENE UND
GEREIFTE HERZEN VOR MIR.

Zuerst: ***Denkt nur Gutes über euch selbst!***

Beobachtet das – und korrigiert alles, was nicht in diese Richtung weist! Seid gut – zuerst – ZU EUCH SELBST!

Damit überlasse ich euch nun euch selbst – für eine Zeit. Geht, geht, geht – erschafft euch eure Vollkommenheit. Auch dieser Zustand ist nur von euch selbst hervorzubringen.

Denkt nur das Gute - so ihr euch selbst betrachtet.
I TAM TE I TAM - sei dir dessen bewusst.

Ich bin der Erwachte, der gekommen ist zu euch,
um nach dem Rechten zu sehen und um euch in die
nächste Phase des Erinnerns zu heben,

ATMAR

I TAM TE I TAM

2. AKKORD

„SPRECHT GUT VON EUCH SELBST!“

Ich grüße Dich, ich segne Dich, ich liebe Dich unendlich! Liebst Du Dich selbst unendlich?

Ich bin ATMAR.
Das Bewusstsein der Schöpfung – erwachtes, pures, liebendes Sein. Nun führe ich euch weiter, damit ihr näher kommt zu euch selbst – zu euch selbst – das ist das Wesentlichste, nun, da sich die Schleier heben.

Habt ihr „geübt“? Beginnt ihr über euch selbst und von euch selbst gut zu denken?
Übt es, verfahrt weiter so: Das wird euch heilen und wird eure Herzen befreien.

Nun gehen wir weiter.

Als Zweites: Sprecht gut, positiv und lichtvoll von euch und über euch, so ihr aus eurem Leben erzählt, so ihr aus euren Gedanken schöpft, so ihr die Mitmenschen an eurem Leben, an eurem Seelenquell teilhaben lässt. Kein aufgesetztes Lobhudeln ist hier gemeint, nein, es ist der tiefe Respekt euch selbst gegenüber, die tiefe Liebe euch selbst gegenüber, die in jedem eurer Worte zum Ausdruck gelangen soll.

Nachdem ihr beschlossen habt, von euch selbst gut zu denken, beschließt nun, von euch selbst gut zu sprechen. Seid euch bewusst, dass eure Worte zur Wahrheit werden, für euch zur Realität werden und eine Wirklichkeit erzeugen, der niemand entkommen kann.

Also: Seid euch bewusst und sprecht gut über und von euch und seid fähig, das Lichtvolle in euch zu beschreiben und nicht die Dunkelheit, die sich in manchen Winkeln noch zeigt. Das Dunkle ist Thema der Klärung, nicht aber Thema, so ihr euch mit Menschen zusammenfindet und das Leben feiert. Feiert euch selbst zuerst und erlöst das noch Unerlöste im „geschützten Rahmen".

So gehet hin, denn das Leben beginnt erst, so ihr von euch ein liebendes und gutes Bild pflegt, erst dann könnt ihr heilen – restlos, nachhaltig und auf ewig.

Ich bin ATMAR, das Bewusstsein, das menschliche Gestalt hatte vor einer langen Zeit, lange vor dieser Zeit. Ein mächtiger Krieger der Welt war ich – der Mächtigste jener Zeit – ehe ich abließ davon Krieg zu führen und in das Reich des Friedens eintrat.

Ich kenne die Welt, in kenne diese Welt, ich kenne das Menschsein, ich kenne die Menschen und ich weiß, wie euren fehlgeleiteten, inneren Programmierungen beizukommen ist – heute durch das gute Sprechen über euch selbst.

In Ewigkeit seid ihr des Himmels Schöpfergötter,

ATMAR

I TAM TE I TAM

3. AKKORD

„HANDELT GUT DURCH EUCH!“

Es braucht gute Taten, gute Handlungsweisen und lichtvolle Kreationen auf dieser Welt!

So gehet hin und tut Gutes, drückt euch aus, indem ihr das, was ihr denkt und sprecht, in die Wirklichkeit bringt.

So ihr gut zu euch selbst seid, werdet ihr gut sein mit den Menschen, mit der Welt, mit dem, was euch begegnet auf dieser Ebene des Seins.

Doch was ist gut?

Gut ist alles, was nicht verletzt, was NIEMANDEN verletzt – weder Mutter Erde noch ein Geschöpf auf dieser Erde. Ich weiß wovon ich spreche, denn ich war ein großer Krieger, wie ich berichtet habe.

GUT ist, so ihr tätig seid im Erschaffen lichtvoller Schöpfungen, so ihr eure Liebe fließen lässt – und behutsam und im Frieden die vertrockneten Gräser aufrichtet, sie auffrischt, bis sie selbst wieder mit dem Winde schwingen und in die Sonne blicken.

Gut zu sein, ist leicht, so ihr in euch selbst den Status des inneren Friedens – des in Frieden-Sein mit euch selbst – erreicht habt.

Als stiller Beobachter des Lebens, als liebvoller Begleiter der Welt, der lichtvolle Absichten im Herzen kultiviert, seid ihr die größte Kraft für diesen Wandel. Sobald ihr aber dieser stillen Kraft TATEN folgen lasst, seid ihr übermächtig und unbesiegbar.

Mein größter Sieg war der, als ich einkehrte in das Reich des Friedens, in das Reich der Stille, in das Reich der Liebe, das in mir lebendig wurde, als ich die Waffen niedergelegt hatte.

Nur für eine Heilung benutze ich nun noch das Schwert Gottes, um die Menschen von ihren dunklen Kräften zu befreien. Kräften, die sie aus Unachtsamkeit in ihrem Wesen beheimaten und von denen die Menschen jetzt erlöst werden.

Ich trage ein Schwert der Liebe – und ich erlöse den Schatten in euch selbst:
Ruft mich – ATMAR – und der Sieg über die nieder schwingenden Zustände eures Wesens ist euer.

Verinnerlicht diesen dritten Akkord:

DENKT GUT ÜBER EUCH, SPRECHT GUT VON EUCH, HANDELT GUT DURCH EUCH!

I TAM TE I TAM

Bleibt dabei, euch ist alles gegeben!

Handle im Einklang mit dem Schöpfer:
Sei gut und edel, erhaben und voller Liebe, die in jeder Zelle wirkt – alles Andere ist Illusion.

Ich bin ATMAR

ERSTE TUGEND:

DIE GÜTE

Kultiviert die Güte, die erste der 8 Tugenden eines Erwachten.

Ich bin ATMAR, wenige begreifen das Leben, wenige begreifen sich selbst im Zusammenspiel des Lebens und wenige sind bereit, es zu begreifen.

So ist es. Doch die, die sich auf die Ebene der Erkenntnis gebracht haben, begreifen – so ist es!

Die Güte also ist es, die nun von euch verlangt ist.

Güte wird vom „Guten" abgeleitet. Das hatten wir bereits in den „drei Akkorden", den Botschaften zum Auftakt, nach meiner Ankunft im Bewusstsein von Jahn.

Gütig sein, heißt, das Gute im Verstehen um die Situation des Mitmenschen anzuwenden. Das heißt, das Gute mit dem Mittel der Liebe zu bringen, unter der milden Führung eures Herzens. Güte erkennt den Anderen und erkennt den Status des Anderen an.

In der Güte wird das gute Handeln erst möglich, da ein Mensch dadurch erst zu reflektiertem Handeln fähig ist und davon ablässt, das „Gute" wahllos unter die Menschen zu bringen.

Güte verzeiht, Güte gewährt, Güte liebt.
So gehet hin, seid gütig und wissend – oder besser noch, bringt euch zuerst in das Wissen, damit ihr die Güte erben könnt.

Die weiteren Tugenden der Zeit – des Menschen aus der Ewigkeit – werden hier besprochen und sind:
Die Güte
Die Sanftmut
Die Unterscheidungskraft
Das Mitgefühl
Die Absichtslosigkeit
Der Mut
Die Wahrhaftigkeit
Die Ausdauer

Wir haben viel zu erschaffen, da die Zeit drängt, denn am Ende des Tages, zählt nur das Eine: dass ihr erkannt habt, wer ihr seid, was ihr seid und wodurch ihr seid.

Die Ebenen werden nun transparent, den Erwachten gehören die Welt und alles Leben.

Auf ewig, ihr Schöpfergötter,
ja,
ich bin ATMAR

ZWEITE TUGEND:

DIE SANFTMUT

Die Sanftmütigen sind die rechtmäßigen Erben des Himmelreichs.

Meister Jesus, das Licht der Welt, hat euch das gelehrt. So kommt es nun, dass ihr diese Lektion nun erfasst.

Neben der Güte ist es die Sanftmut, durch die die Liebe ihren Glanz erhält und ihr göttliches Antlitz.

Verwechselt Sanftmut niemals mit Weichheit, legt diesen Irrtum beiseite, denn jede Härte bringt starre Lebensformen mit sich und erstarrte Menschenseelen. Erst die Kraft der Sanftmut erschafft Harmonie und Frieden in einem menschlichen Herzen.

Irrtümer sonder Zahl haben sich ausgebreitet und im Missverstehen der Sanftmut ist einer der größten Irrtümer am spirituellen Pfad verborgen.

Seid stark, doch niemals hart,
seid mutig und niemals duckmäuserisch,
seid mächtig, doch niemals rücksichtslos.

Pflegt euer sanftes, inneres Kleid wie einen großen Schatz, denn um das zu leben, braucht es Mut.

Seid also sanft und mutig zugleich – zunächst zu und mit euch selbst und hernach zu und mit allen Menschen.

Ich besaß die ganze Welt, ich war der Herrscher dieser Erde und aller Menschen, es gab keinen größeren Krieger neben mir, doch die Herzen der Menschen begann ich erst zu erobern, als ich die Sprache des Krieges vergaß und die Sprache der Herzen erwarb: die Sanftmut.

In dieser Tugend vollendet sich ein Mensch, der liebt.

Ich bin es,

ATMAR

DRITTE TUGEND:

DIE UNTER-SCHEIDUNGSKRAFT

In der Unterscheidungskraft liegen der Erfolg oder das Misslingen der Dinge.

Was sich als gut darstellt, kann verdorben sein, was sich als verdorben und inhaltsleer zeigt, kann voller Leben sein und von immensem Wert.

Das Gute hat viele Gesichter, das Schlechte hat viele Gesichter: Erfasst das Wesen dahinter und erkennt hinter der Fassade den Wert, hinter den Masken die Gesichter, hinter dem Offensichtlichen das Wahre.

Die Unterscheidungskraft – eine Tugend, ohne die es schwer ist zu bestehen, jetzt, da ihr mit allem zu tun habt, jetzt, da diese Erde alles bietet, mehr und vielfältiger als je zuvor.

Wie diese erwerben?

Es ist einfach!
Finde dich selbst und du findest die Wahrheit in allen Dingen!

Erkenne dich selbst, schaue deine Masken, deine inneren Verwerfungen, erkenne deine Lügen, deine Halbwahrheiten.

Schaue auf das, was in dir noch nicht klar ist und du wirst in jedem Menschen das sehen, was er zu verbergen sucht.

Räume dein Haus auf und du wirst jeden Winkel der Häuser, die du betrittst, ausleuchten.
Es ist leicht, so du erst dich selbst erobert hast.

Der größte Krieger ist der, der sich selbst besiegt hat – und mit diesem Sieg geht die Unterscheidungskraft einher.

Zu unterscheiden, lehrt das Leben und ein aufmerksamer Geist, ein mutiger Charakter, ist vom Bedürfnis geleitet, zu sehen, was ist – und das zunächst bei sich selbst. Habt ihr euch selbst erst erkannt, dann seid ihr in der Lage, zu erkennen, was ist.

Also, was ist zu tun?

Aufzulösen und konsequent zu bleiben dabei, bis alles aufgelöst ist! Dann stellt sich die Unterscheidungskraft von selbst, ganz von selbst, ein. Fern des Urteils – fern des Verurteilens – leuchtet die Unterscheidungskraft das Wesen der Dinge und den wahren Wert eines Menschen aus.

Vertraut darauf, denn wer unterscheidet, wertet nicht, sondern bringt an das Licht, was ist, auch wenn es jene Menschen, die in sich noch unklar sind, als Bewertung erleben.

Gott ist groß, er kennt SEINE Kinder gut und ER unterscheidet die Einen von den Anderen, denn obwohl alle von IHM abstammen, ist ein jeder grundverschieden.

ER unterscheidet in der Einheit allen Seins – unterscheidet nun auch ihr, indem ihr mit dem Sein eins werdet und so die Vielfalt darin erkennt.

Wenn ATMAR spricht, herrscht Klarheit,
ich bringe die augenblickliche Erkenntnis
den Menschen dieser Welt.

Ich bin

ATMAR

VIERTE TUGEND:

DAS MITGEFÜHL

Weit verbreiten sich die Irrtümer, so es das Mitgefühl zu leben gilt, es zu handhaben.

Auch dazu habt ihr von den Lichtebenen der Schöpfung bereits viel erhalten und dennoch ist der Umgang damit etwas schwer für eure Herzen, so ihr dem Leid, dem Elend und dem für ein Herz Unerträglichen begegnet.

Wie ist zu verfahren?

Und wieder: Es ist leicht!

Habt ihr bemerkt, dass ich das wiederholt einbringe: „Es ist leicht!", wisst ihr auch, dass das ein „Mantra" ist, das euch unglaublich stärkt, so ihr einer Herausforderung begegnet? Nun wisst ihr es. Ja!

Also, es ist leicht!
Es ist leicht, im Mitgefühl, fern des Mitleides und des Mitleidens zu bleiben, so euch die Wege eines Menschen vertraut sind, da ihr auf eurem geistigen Pfad selbst alle Wege beschritten habt und dadurch erkennt, wie nötig, wie ersehnt, wie erforderlich eine leidvolle Erfahrung für den einzelnen Menschen ist.

Auch ich bin durch das Tal des Leides gegangen, auch mir zeigte es sich erst in der Erschöpfung, in der absoluten Ohnmacht meiner Macht, als ich als Kriegsherr ausgedient hatte und darniederlag. Denn ihr müsst wissen, dass ich große körperliche Verwundungen als Wachstumsgelegenheit erhielt, damals als ich noch dem Kriege verpflichtet war – was das Ende eines großen Kriegers und den Anfang eines großen göttlichen Wesens bedeutete.

Ja, ihr geehrten Menschen,

das Leid ist ein Wachstumsschlüssel ersten Ranges und ehe diese Erfahrung nicht ausgeschöpft ist, wird ein Wesen nicht ablassen davon, Leid auf Leid, Elend auf Elend, Schmerz auf Schmerz für sich selbst zu erschaffen.

So erkennt das und bleibt stille Beobachter dieser Tatsache, denn ihr seid die Meister eurer selbst und ihr seid die Meister des Schmerzes, des Leides und der Gotteserkenntnis dadurch.

Wie jenen „helfen"?
Nicht zu helfen, sondern zu verstehen – das ist der Schlüssel für euch, die ihr dieses Tal bereits

durchmessen habt – zu verstehen und im Mitgefühl zu begleiten, bis dass ein Mensch von selbst diesen Erfahrungen entsagt.

Seid Liebe, seid das Glück, auch wenn den Menschen in eurem Umfeld noch nach anderen Erfahrungen dürstet.

„Es ist leicht" – wisset das, denn alles ist leicht, so man sich dazu entschließt, alles in der Leichtigkeit zu leben. Doch alles ist schwer, so man dies wählt, da man gerne Lasten trägt, um sich selbst einen Wert zu geben – aufgrund des Mangels an Erkenntnis.

Ich bin der angekommene GOTTESSOHN auf Erden,

ich bin ATMAR

FÜNFTE TUGEND:

DIE ABSICHTS-LOSIGKEIT

Es ist die Absicht des Herrn, dass ihr absichtslos das Gute tut, dem Licht huldigt und der Liebe dient.

Ich bin ATMAR.

Ein Widerspruch? Es scheint so.

Gott kennt euch und hat den Menschen die Absicht, „Gutes zu erschaffen“, eingegeben, damit der Mensch nicht ganz vom Weg abkommt und damit er sich nicht ganz vom Lichte entfernt – bei dieser großen Reise durch die Zeit.

Diese Absicht wirkt als „Gewissen“ und sobald ein Mensch dahin erweckt ist, das Gute zu tun, wird er absichtslos, denn das „Gute“, das „Reine“, das „Liebende“ kennen keine Absichten, da es ist.

Doch GUT ist nicht gleich GUT, das hatten wir bereits, hier aber ist davon die Rede – also unterscheidet.

Das Gute also erkennt man an der Absichtslosigkeit. Überall, wo eine Absicht verborgen wirkt, kann sich der kristalline Quell des Erhabenen nicht freisetzen.

Am Ende des Weges zu Gott beginnt die Absichtslosigkeit, da man niemandem mehr einen Beweis für sein „Gut-Sein" schuldig ist, da man alle Themen dazu erlöst, erkannt und entlassen hat.

Gott gab den Menschen die Absicht, das Gute aus sich heraus zu erwecken, da es tief verborgen lag am Anbeginn dieses Spiels – und das Gewissen erinnerte euch daran.

Nun, nachdem ihr eure Hausaufgaben gemacht habt, gelangt ihr in euren ursprünglichen Status zurück. Ihr werdet rein und absichtslos, ohne „Gewissen" gewissermaßen, da ihr direkt in der Übereinstimmung mit eurer Schöpferkraft dem Leben dient und der Schöpfung.

Gott kennt keine Absichten, außer der Absicht mit euch Menschen: dass ihr absichtslos der Welten Diener seid.

In Liebe, die ich bin,

ATMAR

SECHSTE TUGEND:

DER MUT

„Mut ist nicht zu kaufen!",
ein „Sprichwort" in euren Breiten.

Ich bin ATMAR und wahrlich: Mut ist ein seltenes Merkmal unter dem Menschengeschlecht und selbst wenn es den Mut zu kaufen gäbe, er würde übrig bleiben, liegen gelassen in den Märkten, die diesen anpreisen.

Ja, der Mut erzeugt Furcht und die Furcht erzeugt Lähmung und die Lähmung erzeugt Leid.
Ein ewiger Kreislauf, der jetzt durchbrochen wird, denn die Neue Welt gehört den Mutigen.

Was aber gilt es zu erlangen, um den Mut zu erben?

Erkenntnis, Erkenntnis, Erkenntnis!

a) Zu wissen, dass man unvergänglich ist.
b) Zu wissen, dass der Tod eine Illusion ist.
c) Zu wissen, dass ihr Geist seid, in eurer Natur: Geist.

Nun, das war das Erste dazu.
Doch mit diesem Wissen ist es noch nicht getan!
Denn ihr müsst zunächst die „Unerschrockenheit" kultivieren.

Die Unerschrockenheit bildet das Vorzimmer zum Mut.

Unerschrocken wird man,
so man – und erneut sind wir an dem Punkt, der immer wieder angeführt wird – sich vor sich selbst nicht mehr erschreckt,
so man die inneren Monster besiegt hat,
so man mutig die Auseinandersetzung mit sich selbst sucht und die Prüfungen, die diese bieten, bestanden hat.

Mut ist nichts ÄUSSERES, sondern ist ein innerer Zustand der Gewissheit, so man Kenntnis um die Dinge, wie sie sind, erlangt hat.

Fehlt es einem Menschen an Mut zur Selbsterkenntnis, so ist er unfähig, in den Situationen des Lebens, in den Begegnungen auf dieser Welt, in den Anlässen auf dieser Erde Mut zu kreieren, da der eigene, unerlöste, innere Schrecken dies vereitelt.

Mutig zu sein, ohne in den Leichtsinn zu verfallen,
ohne ein unnötiges Risiko zu nehmen,
ohne unvorbereitet in die Schlacht zu ziehen.

Habt Mut, euch selbst zu heilen, und ihr werdet mutig zum Heil der Erde und der Menschheit beitragen.

So ist es.
Es braucht Mut, um zu kreieren, denn eine jede Entscheidung, die Wesentliches in einem Menschen oder auf der Welt bewegt, entspringt einem geklärten und mutigen Herzen.

In Ewigkeit,

ich bin ATMAR

SIEBENTE TUGEND:

DIE WAHR-
HAFTIGKEIT

Es gibt deine Wahrheit, es gibt meine Wahrheit und es gibt die Wahrheit selbst.

Nähert euch dieser, nähert euch und seid wahrhaftig: „Die Wahrheit selbst!"

Darum geht es nun!

Ich bin ATMAR, angekommen, um in euch Fakten zu erschaffen, die euch weiterbringen, die euch einen guten Schritt weiterbringen auf eurem Weg in die Vollkommenheit.

Ihr selbst seid die Wahrheit, ihr selbst seid das Leben, ihr selbst seid die Liebe!

„Deine Wahrheit" ist immer eine Begrenzung!
„Meine Wahrheit" ist immer eine Begrenzung!
Doch die Wahrheit selbst ist unbegrenztes Erkennen dessen, was ist.

Darum geht es hier.

Jede „persönliche Wahrheit" ist einer Meinung gleich, sie kann stimmen, kann falsch sein.

Wir wollen aber fern von Meinungen agieren, denn ein Erwachter hat keine Meinung!
Ein Erwachter hat Wissen, hat Gewissheit und bildet sich keinerlei Meinungen, die sein Lebensbild ausgestalten.

Das heißt zunächst: Hört auf, euch Meinungen zu bilden!

Das heißt weiter: Gelangt in den Status der reinen Beobachtung und erkennt, was ist – denn die Wahrheit ist unverstellt.

Und nun, wie das in euer Leben zu bringen, wie es anzuwenden?

Es ist, wie immer, leicht!
Wahrhaftigkeit stellt sich ein, sobald ihr euch von eigenen Leitbildern, inneren Mustern, Prägungen, usf. befreit habt.

Der erste Schritt also ist es – wie immer – sein Haus aufzuräumen, das Feld zu bestellen. Dann tritt Erkenntnis ein – und die Wahrhaftigkeit, die aus dem Wissen der universellen Wahrheit abgeleitet ist.

Denkt, sprecht und handelt immer aus euch selbst heraus, aus dem Selbst, das an das Göttliche angebunden ist, und ihr seid immer ihr selbst, göttlich und wahrhaftig.

Am Weg in das Allwissen gilt es die Wahrhaftigkeit zu leben, auch wenn sich noch Irrtümer einschleichen, da man da und dort noch an Meinungen festhält.

Befreit euch von den selbst erzeugten, inneren Bildern, die falsch sind, und befreit euch von den Bildern, die aus dem Kollektiv in euch eindringen.

Die Mittel dazu sind längst gegeben, bleibt dabei, bleibt ausdauernd, am Ende des Weges erbt ihr die Wahrhaftigkeit. Bis dahin übt es, lebt es, seid es - bis ihr auch darin die Vollendung erreicht.

Ich bin es,

ATMAR

ACHTE TUGEND:

DIE AUSDAUER

Die 8. Tugend: Ausdauer.

Ich bin es, ATMAR, der Angekommene.

Schaut, die meisten Projekte, jede Selbsterkenntnis, jedes Wachstum, jedes Tun, sind zum Scheitern verurteilt, so die Ausdauer fehlt, so diese Tugend einem Menschen abhandengekommen ist.
Ja, keine der 7 Tugenden kann erwirkt werden, so die Ausdauer fehlt.

Schaut auf ein Kind, schaut diesem beim Wachsen zu – wie es sich müht, wie es sich plagt, wie es nach und nach alle Fertigkeiten, die es braucht, erwirbt. Ohne abzulassen davon, ohne aufzugeben, müht es sich unentwegt, bis es die Stufen steigen, den Löffel halten, die Füße setzen kann, bis dass diese den Körper tragen.

Die Kinder sind die Meister der Ausdauer!

Lernt von ihnen das und ihr habt begriffen, worauf es ankommt, so ihr Erleuchtung, Erkenntnis und Vollendung erlangen wollt. Ihr wisst, worauf es ankommt, so ihr auf dieser Welt Veränderungen bewirken wollt, so ihr Neues erschaffen und Altes beenden wollt.

Es ist die Ausdauer, die alles möglich macht, wirklich alles – unermüdliches Erschaffen von Wirklichkeit, bis diese Wirklichkeit einem jeden Auge sichtbar ist.

„Werdet wie die Kinder!"
Meister Jesus gab euch dieses Beispiel, wie wahr und wie leicht, denn auch in der Ausdauer überragen diese kleinen Wesen euch, die ihr es euch bereits „bequem" eingerichtet habt auf Erden und in euren Leben.

In der Ausdauer liegt der Erfolg oder das Misslingen einer jeden Angelegenheit.

So ist es.
Seid es, denn es ist leicht, so man dies weiß, so man diesen Wert erkennt und lebt.

Ich bin ATMAR,
lange vor dieser Zeit gab es eine andere Zeit und es wird eine Zeit sein nach dieser Zeit, doch zu jeder Zeit wird es die eine Tugend sein, die alles entscheidet: die Ausdauer.

In der Tat, so ist es.

ATMAR

IHR SAGT, DASS...

Ihr sagt, dass das Leben ewig ist, ihr sagt, dass es den Tod nicht gibt, ihr sagt, dass ihr unendlicher, ewiger Geist seid – sagt ihr – und doch, ihr wisst wenig davon, wenig darüber, wenig dazu.

Nun wollen wir dieses Wissen erweitern und es bei manchen vervollständigen – denn manche von euch haben das Wissen bereits geschaut.

1) Ja, das Leben ist ewig! In der Tat.
Um in jeder Faser seines menschlichen Körpers und des menschlichen Geistes das zu erfassen, gilt es alle Bindungen abzulegen. Frei zu werden von allem, was euch an diese Erde bindet, ja frei zu werden von allen Bändern, die die Menschen für gemeinhin verbinden. Denn nur ein freier Geist kann sich in der Ewigkeit niederlassen, diese begreifen und erfahren.

Also macht bitte weiter in der Selbstbefreiung und erschafft dadurch die Basis für dieses Wachstum und für die Erfahrung, dass das Leben in der Tat ewig ist.

2) Ja, den Tod gibt es nicht! In der Tat.
Doch warum habt ihr immer noch Frucht davor, so ihr dem Sterben begegnet und den Tod in der Tür stehen seht?

Weil ihr Körper verhaftet seid und da ihr das Loslassen noch nicht zur Gänze erlernt habt; und da ihr voller Gewohnheiten steckt, lieb gewonnener Gewohnheiten, die euch hindern, auch in dieser Angelegenheit frei zu sein. Auch hier geht es um die Freiheit – das Freiwerden von der Gewohnheit, das Loslassen des Körpers, das sich Hineinbegeben in den lebendigen Geist – dann kann er kommen, der Tod, und ihr werdet ihn umarmen und mit ihm gehen – hinüber in die Wirklichkeit.

Lasst los, denn die Gewohnheiten tragen dazu bei, nicht hinübergehen zu können, es nicht zu wollen, obwohl euch auf der anderen Seite des Horizonts das Leben erwartet.

3) Ja, ihr seid unendlicher, ewiger Geist, in der Tat. Sobald ihr euch das verinnerlicht, habt ihr alles erkannt, was es zu erkennen gibt.

Darum ist es so wesentlich, euer Bewusstsein zu verlagern, euch in die geistige Wahrnehmung des Lebens zu bringen, denn durch den Geist ist alles erst möglich, der Geist erschafft alles in der sichtbaren und unsichtbaren Welt.

Ein Mensch, der sich dessen bewusst ist, berührt die Unendlichkeit und spannt den Bogen vom Menschsein zum Gottsein, von der begrenzten Wahrnehmung hin zur Grenzenlosigkeit.

Seid „menschlich"! Ja. Doch was bedeutet das? Es bedeutet, durch den lebendigen göttlichen Funken – den Geist in euch, um euch und aus euch – zu handeln, zu sprechen und zu denken. Dann erst seid ihr eines Menschen würdig, dann erst werdet ihr menschlich, denn göttlich zu sein und menschlich zu sein, sind eins.

Der erleuchtete Geist kennt keine menschlichen Konditionierungen, denn er hat diese längst überwunden.

Daher ist es so eine Freude, einem Erleuchteten beim Leben auf Erden zuzusehen, teilhaben zu dürfen an seinem Licht, in der Nähe seiner Liebe selbst die Liebe zu werden – die „niederen Instinkte" zu überschreiten und diese aus der Perspektive des Geistes zu leben: So tun zwei das Gleiche, aber es ist dennoch nicht dasselbe.

Ihr habt das „Menschliche“ geerbt, doch ihr seid auch die Erben des Göttlichen. Vereint diese scheinbaren Gegensätze und ihr habt den Schlüssel zum ewigen Leben erworben, den Zutritt zum Wissen der Schöpfung.

Denn das Fleisch lebt im Geiste und nicht der Geist ist im Fleische! Auch diese Tatsache gilt es zu erkennen.

Alles um euch herum ist Geist und ein menschlicher Körper ist ein kleiner Teil, der im „Geist-Kontinuum“ Quartier bezogen hat. Ihr seid unendlicher Geist, groß, groß, groß und eure Körperlichkeit bildet einen kleinen Punkt im Universum, dessen spirituelle Kraft ihr seid, da ihr es selbst hervorbringt.

Kompliziert?
Ja und nein.

Ja, so das Erfassen dieser Worte unmöglich ist, da ein begrenzter Geist in den Worten selbst nach Erkenntnis sucht – und nein, so ein Mensch zwischen dieser Botschaft zu lesen versteht.

Ich bin es, der euch in seinem Bewusstsein trägt, denn ich habe das Menschsein erlebt und daraufhin meine göttliche Natur geschaut.

Das Leben ist ewig!
Der Tod eine Illusion!
Der Geist unendlich!

In der Tat,

ich bin ATMAR

ES GESCHIEHT, DASS...

Gehen wir gemeinsam ein ins Licht?
Ja und nein!

Ich bin ATMAR, der Angekommene, und auch ich bleibe bis an das Ende dieser Zeit.

Nun – ja – da ihr alle eingeladen seid!
Nein, da nicht alle diese Einladung annehmen.

Es ist einfach, so ist es.

Nun, der Mensch geht sich selbst, seinen Erkenntnissen, gerne aus dem Wege. Er umschifft so manches Thema, bis er vergisst, was war, was es zu sehen galt. So geschieht es, dass die Zeit verstreicht und viele Leben folgen, bis die Themen der Reihe nach erneut hochkommen und in das Leben treten, damit sie die ersehnte Erlösung finden.

Der Mensch, die menschliche Natur, die das „Aufwendige", das „Anstrengende", das, was Energie und eine ungeteilte Aufmerksamkeit benötigt, gerne umgeht, spielt nun eine große Rolle, jetzt, da es gilt, diese „Natur" zu überwinden.

Diese „Natur" auszuagieren, ist natürlich.

Da ist nichts falsch daran, nichts mangelhaft oder verwerflich. Doch es ist, wie es ist: Die Natur eines Menschen, der die Bedingungslosigkeit fehlt und die Beharrlichkeit in den Belangen, die das ewige Leben berühren.

Aufgrund der vielen Schmerzerfahrungen im menschlichen Körper habt ihr den Mut verloren, die Beharrlichkeit abgestreift und ihr habt euch der Bequemlichkeit angedient – so weit – dass ihr nun nicht mehr wisst, wie daraus zu entkommen.

Haltet an, haltet an, haltet an – denn ich sage euch: Ihr entkommt der Bequemlichkeit am leichtesten, indem ihr durch gewisse Umstände, Schocks und Martern zum Erwachen gebracht werdet.

Denn ein bequemer Geist erschafft nichts!
Nichts! Hört wohl.

Viele schlafen und schlafen, sind müde und träge, ausgebrannt und lau geworden – und viele sind darunter, die mit höchsten Aufträgen und mit umfassenden Aufträgen auf die Erde entsandt wurden.
Ja, die Rede ist von DIR!
Genau von dir, der du diesen Worten folgst.

So sich die Ruhe verflüchtigt und noch ehe der Frieden kommt, herrscht etwas Chaos und diese Neuorientierung gilt es als Wachstumschance zu begreifen, denn so ihr Meister erweckt werdet, geht es nicht mit Seidenhandschuhen ans Werk.

Das Bequeme ist der Tod jeder Entwicklung, mehr noch, die Bequemlichkeit ist der Garant dafür, dass sich ein Zustand zurückbildet, zurück in die Bedeutungslosigkeit.

Aus dieser werdet ihr nun gehoben.

Ja, so ist es - die Schminke ist ab, das Gesicht liegt frei, nun seht ihr euch von Angesicht zu Angesicht und so ihr dieser Schau standhalten könnt, werdet ihr das Leben erben - ein Schock für viele, die sich selbst noch niemals so betrachtet hatten: ohne Maske, ohne falschen Anstrich - ganz als Selbst, von Angesicht zu Angesicht.

Der Schock schlechthin!
Ja, so ein Mensch zum ersten Male mit sich selbst konfrontiert ist, tritt zumeist ein Schock ein, der sich aber löst, so erst erkannt ist, dass das, was man bisher für gemeinhin schön empfand, keinen Wert besitzt

und dass das, was sich nun enthüllt, die Schönheit ist und auch das Leben – den Bequemen wird nun das gewährt, gemeint sind jene, die weit gekommen sind, doch die nicht weiter wissen und die es sich gemütlich eingerichtet hatten.

Wir gehen ein in das Licht, gemeinsam, wir, die wir uns hier vereinen zu einer schlagkräftigen Armee des Lichts, die alle Dunkelmächte in die Flucht schlägt.

Ja, aber dazu ist es nötig, eure Bequemlichkeiten abzulegen – und dafür ist gesorgt.

So freut euch, denn wir ziehen auf das Feld, wo uns der Sieg erwartet, da wir das Licht zu jenen bringen, die der Dunkelheit huldigen.

Wir sind unbesiegbar.

So ist es. In der Tat.

Ich bin der von Gott Entsandte,
ich bleibe, ich bleibe,

ATMAR

BETET, BETET, BETET

Ihr wankt, ihr steht nicht fest, euch schüttelt es gehörig und doch, ihr seid die Götter aus dem Sein.

Ja, DU!

Ich bin ATMAR.

Gekommen vor langer Zeit, damit ich dich begleite, da es Zeit ist für dich, das Leben zu erben.

Der Sturm kann viel vernichten, doch er schafft viel hinweg, das Feuer kann viel verbrennen, doch es bringt neue und fruchtbare Felder hervor, das Wasser kann alle unter sich begraben, doch es erschafft dabei nun Frieden, dort, wo bisher der Unfrieden war.

Das bedeutet für dich: Gleich, was nun auf dieser Welt geschieht, bleib unberührt davon, so wie der Regen dich nicht durchnässt, da du einen Regenschutz umgelegt hast.

Schützt euch also vor den Kräften, die euch nun hinunterziehen möchten!

Wie?

Wie immer, auch das ist leicht.

1) Macht jede Sekunde eures Tages zu einem Gebet! Sprecht ein Mantra, sprecht eine Verfügung, aber sprecht mit Gott - BETET.

2) Das bringt die Wirkung.
Mehr braucht es jetzt nicht, außer dem unablässigen Gebet zu Gott – selbst wenn ihr schlaft!

Wie das geht?

Indem ihr vor dem Einschlafen an Gott denkt, an das Licht und an SEIN Licht, damit zieht ihr diese Ebene der Schöpfung in eure Welt – in eure Traumwelt.

Betet immer, das heilt alles – feiert, betet und seid, mehr braucht es nicht, dann ist alles getan.

Das Geheimnis eines beschützten und geführten, eines in allen Belangen vollkommenen Lebensalltags liegt in der ununterbrochenen Hinwendung zu Gott – ohne Pause – und ihr werdet das Leben als eine große Feier erleben – selbst dann und gerade dann, so es wenig zu feiern gibt, wie es den Anschein hat.

Diejenigen bleiben aufrecht stehen, die in Gott gefestigt sind, und diejenigen werden fallen, die Gott in Zweifel ziehen, da sie damit ihre eigene göttliche Natur anzweifeln, was zur Folge hat, dass sie nur zu zweifelhaften Entscheidungen befähigt sind. So ist es! Alles wird nun ganz und so braucht es auch dich - ganz.

Gott ruft nach dir, komm, Gott bettet dich weich, beziehe das Lager, Gott nimmt dich in SEINEN Armen auf, lass dich fallen.

Zögere nicht länger...

Gekommen, um euch ankommen zu sehen,

ATMAR

JENSEITS ALLER KONZEPTE

Jenseits des Weges existiert Gott:
Der Weg selbst ist weder das Ziel noch die Bestimmung.

Der Weg zu Gott ist einfach, so man alle Konzepte aufgibt. So man selbst das „Konzept des Weges“ aufgibt. Denn es braucht keinen Weg, um IHN zu erlangen. Es braucht nur die augenblickliche Erkenntnis – ohne Weg, ohne Tun, ohne die Meilenstiefel, die euch angemessen wurden, damit ihr dieser Illusion begegnen konntet.

Was für ein Weg soll es sein, der zu Gott führt? Das würde bedeuten, ihr befindet euch da (am Weg) und Gott ist dort (am Ende des Weges).

Ein Irrtum! So ist es.

Denn Gott erlangt man ohne einen Weg, den ihr beschreiten müsst – das ist ein Konzept der Religionen, die davon wenig Ahnung haben und kaum Wissen.

Das Geheimnis ist einfach:
IHR SELBST SEID DER WEG!

In dieser Tatsache ist alles vorhanden, was es zu verstehen gilt, so man sich „auf den Weg“ begibt.

Es gibt weder einen weltlichen noch einen spirituellen Pfad, den es zu gehen gilt – es gibt diese Wege nicht.

So! Nun herrscht Verwirrung, da immer die Rede vom „Weg zu Gott" und vom „spirituellen Pfad" ist – auch in vielen Botschaften des Himmels.

Doch wisset: Wir schulen euch. Die Botschaften des Himmels bieten Wachstumsgelegenheiten und nun sind wir da angelangt, wo es alles abzustreifen gilt, um die AUGENBLICKLICHE GOTTESERKENNTNIS zu erhalten.

Bitte bleibt in eurer Spur, doch verlasst den Weg.

Kompliziert!

Nein. Es sei denn, ihr wollt komplizieren, dann tut es.

Jenseits des Weges ist die Wahrheit, denn jeder „Weg zu Gott" entspringt einem Konzept, auch wenn es das eigene ist.

Doch jenseits aller Konzepte findet ihr IHN.

Verstanden?

Ja und nein – oder?

Nun – ja – da ihr es fühlt, dass da etwas „richtig“ ist. Nein – da ihr es nicht anders kennt und nun die Orientierung verliert.

Genau das ist der Zweck dieser Übung! Gebt alles ab, selbst eure Orientierung, und lasst euch durch die Tage führen, gleitet durch diese Zeit, denn Gott nimmt euch an der Hand und führt euch fern der selbst oder fremd erschaffenen Konzepte in den Himmel.

Loslassen, aufgeben, abstreifen, annehmen, werden und wachsen: Das ist „der Weg“, der nun eröffnet ist, da ihr derart gereift, gewachsen und geworden seid.

Jenseits aller Konzepte ist Gott.

Daher kommt der Ausspruch von Meister Jesus:
„Der Herr kommt, so ihr ihn am wenigsten erwartet.“

So ihr nicht mehr auf IHN wartet, da ihr selbst das „Warten auf Gott“ aufgegeben habt, dann kommt ER.

So ihr alles aufgegeben habt, seid ihr frei,
dann kommt ER und dann geht ihr ein, in IHN.

So ist es.

Ich bin der, der mit diesen Aspekten neues Wachstum bringt, denn ihr sollt wachsen – in die Unendlichkeit. Ihr dürft nun den alten Erleuchtungskonzepten den Dank aussprechen, doch euch von diesen verabschieden. Ihr benötigt sie nicht mehr.

Jenseits des Weges ist eure Spur.
Im Erfassen dieser Wirklichkeit,
liegt die Gotteserkenntnis.

Erfasst es. Es ist leicht.

Ich bin ATMAR

DER MENSCH WÄHLT SELBST

Das Ignorieren der neuen Tatsachen ist weitverbreitet – und das ist gut so, denn nur dadurch werden jene Menschen, die so verfahren, Erfahrungen kreieren, die es ihnen angetan haben, die sie suchen – unter allen Umständen.

Doch genau jene Menschen, und das scheint ein Widerspruch zu sein, schreien am lautesten nach dem Glück, das sie entbehren, sehen sich als Opfer, ausgeliefert dieser ungerechten Welt, jammern, hadern und klagen über das Leben – doch sie wollen nicht ablassen dabei, Falsches zu denken, Falsches zu sprechen und Falsches zu tun.

Es ist nur auf den ersten Blick ein Widerspruch, denn es ist genau das, was sich zeigt, so ein Mensch das Drama nicht beenden möchte. Denn dann hadert er und klagt, er gibt allen die Schuld an seinem Unglück, nur bei sich selbst in seinen „Denk-Programmen“ wird er niemals suchen. Nicht einmal einen Verdacht wird so ein Mensch hegen, da er niemals ablassen möchte, sich im Leid zu baden, sich im Leid zu suhlen und allen Menschen davon breit zu erzählen – es zur Schau stellen, wie ein Fleischer, der in der Sommerhitze seine verdorbenen Waren verkaufen möchte.

Nun gut, so ist es nun mal, und das ist gut so!
Denn das bringt alles zu Ende, denn die, die das Leid schmecken, den Schmerz kosten, den Krieg erfahren möchten, die haben nun die besten Gelegenheiten dazu. Jetzt, da sich alles entlädt, was nicht licht ist, was nicht baut und was nicht sein wird auf der Neuen Erde in der Neuen Zeit.

Doch ihr, die ihr da zuseht, beginnt zu wanken – ihr denkt mal dies, mal das – doch ihr denkt noch nicht konsequent den richtigen Gedanken! Der da ist:

EIN JEDER MENSCH WÄHLT SELBST!
Wie lange wollt ihr noch die Babysitter für bereits erwachsene „Kinder" spielen? Beendet das, die Zeit ist längst gekommen dafür, beendet das jetzt.

Begreift die Zusammenhänge und verinnerlicht sie!
EIN JEDER WÄHLT SELBST!

Die Menschen, die ihr „Unglück", das sie heranziehen, wie das Licht die Motten anzieht, mit euch teilen möchten, brauchen euch, damit sie in ihrem Tun bestätigt werden, in ihrem Sprechen bekräftigt und in ihrem Denken ergänzt werden – damit sie weiter verfahren wie bisher.

Eure „guten Ratschläge" zur Beendigung des Leides übergehen sie geflissentlich, um keine Leiderfahrung zu versäumen.

Ja, so ist das Spiel, es ist Teil des „Spieles des Erwachens", ein jeder bestimmt seine Zeit.

Eine Seele wird nicht eher ruhen, bis dass sie alles ausgekostet hat und bis sie alles in der Tiefe erfahren hat.

Das ist nun weit verbreitet, sehr weit.

Lasst den Menschen ihre Dramen,
lasst den Menschen ihren Schmerz,
lasst den Menschen ihr Bedürfnis nach dem Leid.

Nehmt es diesen Bedürftigen nicht weg, so entwendet ihr ihnen den Schatz der Erfahrung, derentwegen sie auf diese Welt gekommen sind.

Bleibt still, bleibt ruhig – betet, betet, betet – doch diskutiert nicht, nehmt niemandem etwas ab und seid frei dabei, eine jede Erfahrung als eine göttliche Erfahrung zu betrachten.

Dann tritt Frieden ein und Ruhe, dann habt ihr diese Lektion begriffen, verinnerlicht und integriert.

Ja, der Mensch mag „Prüfungen“ so lange, bis er derer überdrüssig wird, und das braucht viele Runden auf dem Karussell des Lebens, gar viele.

Viele Menschen sind noch mitten in diesem Spiel, auch wenn sie hohe Seelen haben, auch wenn sie hohe Aufträge hierhergeführt haben. Denn nicht ein jeder, der mit hohen Aufträgen auf der Erde ankommt, erfüllt diese. Nein, das ist nicht so und auch nicht weitverbreitet.

Es sind immer nur Wenige, die exakt in der Blaupause leben, ein Leben lang, ohne Abweichungen, ohne Wenn und Aber.

Auch in dieser Zeit ist das so – es sind jedoch weit mehr als in allen Zeiten zuvor – das ist das Merkmal und das Besondere in dieser Zeit, in der die Welt in eine neue Phase tritt. So ist es.

Versteht die Absichten der Menschen und ihr werdet alles zu deuten wissen. Dann ist die Zeit, die euch von jeder „Co-Abhängigkeit“ befreit, angebrochen.

Verfügt es, es geschieht.

Wie wahr, wie einfach, so ist es:
EIN JEDER MENSCH WÄHLT SELBST.

Wie ihr jetzt und wie ich einst.

Ich bin ATMAR

HINSEHEN, ANNEHMEN, LOSLASSEN

Gegrüßet in Ewigkeit seid ihr!

Die Wanderschaft findet den Abschluss, was war, wird erlöst, was kommt, übertrifft alle Annahmen eines Menschen.

Doch das, was jetzt ist, gibt den Ausschlag, ist maßgeblich, ist der Punkt, auf den es nun vor allem ankommt.

Bleibt im Hier und Jetzt verankert, blickt zurück, doch nur für Augenblicke, so es sein muss, aufgrund von Klärungen, damit ihr Klarheit findet in euch selbst, damit ihr eure alten Dramen erlöst.

Doch mehr nicht! Mehr nicht!
Bleibt nicht stecken in den Themen, die es nun nur noch zu erkennen gilt, einmal hinsehen, annehmen und loslassen – mehr nicht! Vorbei.

Habt ihr dieses Prinzip der Heilung verstanden?
Seid ihr bereit, euch danach zu richten?

HINSEHEN, ANNEHMEN, LOSLASSEN!

Mehr nicht!

Zu gerne und zu lange bleibt ihr in Themen stehen, wie im abgestandenen Wasser.

Verlasst diese Sumpfgebiete, denn das führt nur dazu, dass ihr die „alten Geschichten“ am Leben erhaltet und somit die alten Zustände prolongiert.

Wie immer, ihr Geliebten, es ist einfach – auch das ist einfach, doch viele wollen das einfach nicht annehmen, vielen ist diese Wahrheit einfach „zu einfach“.
Es ist, wie es ist, doch die, die es verstehen, werden nun die letzten Weggabelungen leichten Schrittes gehen.

Da sich die Schwere verliert, so man erkannt hat, dass Gott seinen Engeln Flügel verliehen hat.

Ich bin ATMAR

Ich bin der, der euch hebt in neue Ebenen, der, der euch jede Schwere nimmt, so ihr bereit seid dafür, so ihr euch in dieser Wahrheit selbst erkennt.

ATMAR

DIE LIEBE

Diese Welt bringt nur eine Mangelerscheinung hervor – den Mangel an Liebe.

Alles Weitere tut nichts zu Sache, da diesem Mangel alle Mangelzustände zugrunde liegen.

Endet das lieblose Verhalten, beginnt eine neue Zeit. Das ist die Wahrheit, die euch nun erreicht, und ihr erkennt, dass das Wohl eures Lebens und das Wohl des Zusammenlebens in euren Händen ist.

Kommt an in dieser neuen Realität, für alles Weitere ist Sorge getragen, da einem Menschen, der liebt, der Himmel dient.

Meine Ankunft zeigt, dass sich der Himmel weit geöffnet hat, mein Bleiben zeigt, dass sich die Welten nun verbinden – auf ewig.

Ich bin ATMAR

GOTT GLEICH UND MENSCH

Bei euch zu sein, ist Segen,
mit euch zu leben, ist Glück,
durch euch zu wirken, ist Gnade!

Ich bin ATMAR, der Sohn Gottes, der wirkt, so ihr es so wünscht, so ihr tief in euren Herzen, dem tiefen inneren Bedürfnis nach Erleuchtung nachkommt, ja, „Erleuchtung". Wie leicht es ist, diese zu erlangen und wie schwer ihr es euch macht.

Ihr liebt das Komplizierte, das Aufwendige,
ihr liebt auch die Qual! Einer Bergbesteigung gleich, glaubt ihr, dass es viel Aufwand braucht, um den spirituellen Gipfel der Erleuchtung zu erklimmen. Weit gefehlt, weit daneben, damit liegt ihr falsch!

Weg damit! Fegt nun alle Programme, die mit Qualen verbunden sind und die, die Gotteserkenntnis betreffen, hinweg!

Tut es jetzt, indem ihr zu euch selbst sagt:
ICH BIN FREI!

(kurze Pause vor dem Weiterlesen)

Merkt ihr, es ist einfach, doch es braucht euren festen Entschluss, den Willen eures ganzen Wesens – und es kann geschehen.

Gott ist einfach,
Gotteserfahrung kann daher auch nur einfach sein!

Dazu braucht es wenig, eines jedoch ist unabdingbar dafür: DIE BEDINGUNGSLOSIGKEIT.

Dann wird aus einem Spiel aus „Leid und Schmerz" ein Spiel, aus „Glück und Freude". Diese Meistertugend ist vonnöten, so ein Mensch in die Meisterschaft gelangen möchte. Daran ermangelt es noch!

Viele Menschen glauben, dies und jenes noch erledigen zu müssen, viele halten sich mit Dingen auf, die eben „aufhalten" und die das Vorwärtskommen behindern.

Immer sind es die menschlichen Konzepte, die euch daran hindern Gott zu sein, Gott zu werden.
Diese aufzugeben – bedingungslos – ist die Lösung.

So weit dazu.

Geliebte Gottheit in Menschengestalt!

Wir sind hier zusammengekommen, vereint als wahrliche Geschwister im Geiste, ja, warum eigentlich?

Damit wir Schwingung erfahren, damit wir Licht erleben – spirituelles Licht der Schöpfung – unsichtbar für das menschliche Auge, doch äußerst wirkungsvoll für ein Herz, das sich nach Freiheit sehnt nach Liebe und nach Glück.

Schwingung ist Licht, Licht ist Schwingung. Die Worte, die sich zu einer Botschaft bilden, dienen dazu, das Licht zu tragen, es zu „triggern“ gewissermaßen, doch die Worte selbst sind nur ein Teil dieser Energieübertragung aus dem Sein. Eine jede Botschaft, die durch Jahn kanalisiert wird, ist voller Lichtenergie und sie spiegelt immer den aktuellen Schwingungsgrad, der nun den Menschen zufließt. Erschafft euch nun einen noch direkteren Zugang zu diesen Botschaften des Lichts, indem ihr euch in die Kraft der Botschaft begebt, nicht aber, indem ihr an den Worten klebt und sie wortgetreu zu erfassen versucht.

Schaltet den Verstand auf „Stand-by“ und öffnet euren Geist, dann seid ihr in der Lage zu verstehen, dann kann die Schwingung wirken – und euch verändern und bewegen.

Das ist Freiheit, das ist die direkte Begegnung mit Gott, das führt euch geradewegs zur Erleuchtung.

So weit dazu, ihr Meister und Götter, ja, so stellt es sich mir dar!

Zögert keinen Augenblick, so ihr bei eurer Selbstreflexion erkennt, dass dieses oder jenes unvollkommen scheint, zögert niemals, das Höchste, Erhabenste und Schönste von euch selbst zu denken. Das ist eines Meisters würdig, Geringeres weist auf einen geringeren Status hin. So weit dazu.

Wisset bitte, es ist immer leicht, so ihr es so erwählt und selbst das „Leichteste" wird schwer, so ihr darauf besteht und euch in Sorgenfalten kleidet – das ist der Schmuck des Bettlers – die, die die Fülle wählen, verfahren anders.

Ja, die Fülle, das Glück, unbegrenztes Verfügen über den „Fluss des Lebens", das ist es, wonach sich so viele Menschen sehnen! Doch was hindert euch daran?

Der Kreis schließt sich hier, denn es sind die inneren Programme eines Menschen, die das unmöglich machen. Erkennt, nehmt an, lasst los – und so werdet ihr erhalten, was ihr euch ersehnt und keiner Illusion des Mangels mehr erliegen.

Wisst ihr, bei alldem, was ist, oder was noch nicht ist, gilt es eines zu verinnerlichen und in alle Deutlichkeit zu erkennen: WAS WILL ICH WIRKLICH?

Dieser Frage gilt es sich BEDINGUNGSLOS zu stellen, und ist die Antwort erst erkannt, dann tritt Verstehen ein und Wissen.

Aufgrund dieser Antwort ist ein Mensch erst in der Lage, sein Leben zu bestimmen, es zu manövrieren, so, wie ein Kapitän eines Schiffes jeder Welle angemessen begegnet und jeder Gefahr trotzt, bis er sicher in den Hafen einläuft, da er den Weg kennt.

Ja, ihr kennt den Weg nicht, da ihr euch noch allzu gerne am Weg verliert. Mal dies, mal das, mal da, mal dort! So bleibt aufrecht, was ihr ablegen wollt – und euer Leben bleibt unbestimmt.

Heute gilt es „ganze Entscheidungen" zu treffen, bedingungslos zu wählen, und es gilt, sich dem spirituellem Erkennen seiner Natur ***ganz*** zu verschreiben: Ganz bedeutet, zu 100 Prozent, weniger ist zu wenig.

Daran ermangelt es noch, jetzt, da ihr bereits zu großen Erkenntnissen und großen Einsichten gelangt seid. So weit dazu.

Also: WAS WILL ICH WIRKLICH?

Stellt euch dieser Frage. Ihr sollt den Himmel erben, so ihr die letzten Ausflüchte, um im Alten weiterzutreiben, erkennt, und so ihr aufgrund dieses Erkennens die Gelegenheit nutzt, um dem zu entkommen.

Ist es deine Sehnsucht, ist es deine ganze Sehnsucht, Gott zu schauen und in SEINER Fülle ewig zu leben, dann ist alles da, was ein Mensch, der halbe Entscheidungen getroffen hat, schmerzlich entbehren muss.

Ihr Meister und Götter!
Die Schwingung auf diesem Planeten nimmt kontinuierlich zu. Weiter und weiter wird dadurch

Realität erzeugt. Haltet diese Schwingung, indem ihr ununterbrochen, bei jeder Verrichtung im Alltag, mit Gott seid und mit IHM sprecht. So könnt ihr nicht hinaus kippen und ihr bleibt zentriert, denn das ist in dieser Zeit der Punkt, der den Ausschlag gibt, ob ihr den Ereignissen angemessen begegnen könnt.

Nun aber zu den Ereignissen selbst, denn nichts ist, wie es scheint.

Ich sprach euch von der Fülle – und diese hat auch mit Wohlstand und auch mit Geld zu tun.
Grundsätzlich jedoch ist Fülle die absolute Wunschlosigkeit, da sich darin alles erfüllt.
Doch wir wollen nun eine Oktave tiefer blicken:
Fülle im Zusammenhang mit Geld.

Derzeit tobt in dieser menschlichen Gesellschaft dieser Kampf. Während die Einen (es sind Wenige) zur unendlichen Fülle gelangt sind, darben die Anderen (das sind die Meisten) dahin. Diese Erschaffung von Fülle ist natürlich blanker Betrug, ein Verbrechen an Mutter Erde und an den Menschen.

Das Wissen wir bereits, doch was neu ist, ist die Tatsache, dass diese Verteilung nun von der breiten

Menschheit infrage gestellt wird und mehr noch, dass die Menschen bereit sind, dies zu ändern. Denn nach dem nun nahenden Zusammenbruch dieses Systems, wird eine neue Ebene einziehen – und die Gerechtigkeit. Das steht fest.

Während ihr tagtäglich auf das „Finanz-Armageddon" wartet – ja, ihr könnt es kaum erwarten, sollt ihr wissen, dass dieses alte verbrecherische Spiel nur dadurch so lange hinausgezögert wird, da sich die jetzigen Eliten fürchten! Das ist eine neue Information!

Ja, der Wind hat gedreht.
Nicht die Menschen fürchten sich vor jenen, die sie unterdrücken und ausbeuten, sondern die Ausbeuter beginnen sich vor den Menschen, die kollektiv erwachen, zu fürchten und niemand möchte am Tage X den Kopf, seinen Kopf, hinhalten.

So fahren sie trickreich und mit allen Mitteln so lange damit fort, bis dieses System komplett ausgehöhlt ist und in sich selbst zusammenbrechen muss.
Das ist nun der Fall, die Tage sind gezählt.
So ist es.

Jeder Mangel auf dem Sektor des individuellen Lebens endet in dem Moment und zu 100 Prozent, so ihr bedingungslos alle in euch noch wirkenden „Mangel-Bilder“ transformiert.

Ich sage euch: Die Zeit des Mangels ist vorüber – auf jeder Ebene des menschlichen Zusammenlebens. Diese Tatsache setzt sich nun durch und wird sehr zügig umgesetzt, so die alten Säulen fallen.

Lasst euch nicht täuschen!
Alles zeigt sich, alles, auch wenn es manchen von euch scheint, dieses Warten – dieses Erwarten – dauert ewig.

Lasst euch nicht täuschen!
Trefft eure Entscheidungen, dann ist alles einfach, doch trefft sie ganz. Mit halben Sachen kommt ihr kaum dahin, wo ihr erwartet seid.

Ich bin in eurer Zeit angekommen und ich bin der Meister, der aus Menschen Meister formt.

So lasst euch heben, lasst euch heilen, ihr braucht das Unglück nicht, um das Glück zu kennen.

Entscheidet! Denn der Wandel der Menschheit wurde bereits entschieden.

Seid ganz dabei, es stellt sich ein, was ihr erwählt.
So ist es.

Du bist der Meister deines Lebens – in allen Welten – und du hältst den Schlüssel zu jeder Erfahrung in deiner Hand.

Vertraue Dir, vertraue Gott,
es kommt wie euch beschieden.

Und vergesst nicht:
Gott hat seinen Engeln Flügel verliehen – benutzt sie.

Ich bin ATMAR

Wie sehr ich euch liebe,
wie sehr seid ihr geehrt.

DER ABSCHIED

Geliebte Menschen,

der Abschied naht, der Abschied aus diesem Bewusstsein, aus Jahns Lichtrealität, die mir gedient hat, um euch Wissen zu bringen, Anleitungen zu geben und um euch eurer Meisterschaft näher, ein gutes Stück näher zu bringen.

Übt weiter, bleibt dabei, es lohnt sich, denn am Ende der Zeit erbt ihr den Sieg über euch selbst und über die Welt, die euch in Begrenzungen eingefasst hat.

ATMAR bleibt auf dieser Welt, das ist wahr, das ist wirklich, doch durch das Bewusstsein von Jahn werde ich mich von nun an nur zu bestimmten Zeiten mitteilen. Mir folgen viele, wie vor meiner Ankunft viele angekommen waren – und allesamt, sie blieben unter euch, so wie auch ich unter euch bleibe.

Generiert nun Wachstum, generiert nun einen neuen Zugang zu eurem Erwachen und zum Leben in der göttlichen Wirklichkeit.

Seid gut zu euch selbst, seid gut zu den Menschen.

Weist euch als Meister aus, der fern jeder Beeinflussung

durch die dunklen Mächte, gerade und auf das Licht ausgerichtet, die Schritte setzt auf dieser Welt, die nun neugeboren wird.

Betrachtet eure Leben, schaut hin, dahin, wo ihr bisher noch nicht hingeblickt habt. Entfernt die Irrtümer aus eurem Denken, Sprechen und in euren Handlungen – und nehmt die Erbschaft des Himmels an, indem ihr würdige Vertreter Gottes auf dieser Erde seid und dadurch Gott gleich werdet und eins mit IHM.

Vergesst nicht, wer ihr seid!
Trefft die Entscheidungen, die es jetzt braucht, seid ganz dabei und wahrhaftig – und gehet ein ins Friedensreich, indem ich euch erwarte.

Das sage ich, der große Krieger einer Zeit, in der viele von euch mit mir waren. Das sage ich, der erst im Krieg den Frieden erkennen konnte. Das sage ich, der durch das Tal der Tränen ging für eine ganze Welt und auch für mich selbst.

Das Friedensreich in dir, das ist die Basis, auf der der Frieden dieser Welt erwächst.

Das sage ich zum Abschied euch, da ich nun zurücktrete, um an eurer Seite euch zu dienen, bis ihr das erkennt, was ist, und dem entsagt, was ihr noch glaubt, das sei in dieser Welt und in euch selbst.

Geehrt seid ihr und angenommen als die Kinder Gottes, geachtet über alle Maßen, da ihr die Abgesandten seid vom Himmel, die nun der Erde neuen Glanz verleihen und die die Erde und die Menschen ihrer ursprünglichen Bestimmung zuführen.

Vergesst nicht: Es ist leicht, so ihr es wählt, alles ist leicht, alles ist einfach, so ihr es so für euch erwählt.

Feiert das Leben, feiert eure Fortschritte am Weg, feiert euer Sein, denn ihr habt alle Grund dazu.

Ich bin das Leben, ich bin die Liebe, ich bin das ewige Gebet, das in den Menschenherzen wirkt, bis es im Reich des Friedens angekommen ist.

Befolgt, was ich euch überbringen durfte, und ihr werdet wachsen in den Himmel, ja, in euch selbst wird der Himmel sein.

Ihr seid die Meister eurer Leben!
Nun handelt demgemäß – auf ewig.

Ich bin

ATMAR

PUBLIKATIONEN JAHN J KASSL

ATMAR - JENSEITS ALLER KONZEPTE
Lichtweltverlag (2018) gebundene Ausgabe

KURS ZUR FREIHEIT - BABAJI
Lichtweltverlag (2018) gebundene Ausgabe, (2012) eBook

IM ZEICHEN DES WANDELS
Lichtweltverlag (2018) gebundene Ausgabe

JETZT BIST DU DA - TAGEBUCH EINES ERWACHENS.
GESPRÄCHE MIT JESUS SANANDA
Lichtweltverlag (2017) gebundene Ausgabe

KURS IM KREIEREN - PAUL DER VENEZIANER
Lichtweltverlag (2017) gebundene Ausgabe, (2012) eBook

DIE ERDE WIRD NICHT ZERSTÖRT!
Lichtweltverlag (2017) gebundene Ausgabe

30 TORE ZUR ERLEUCHTUNG
Lichtweltverlag (2017) gebundene Ausgabe, (2012) eBook

ES WIRD STILL AUF DIESER WELT
Lichtweltverlag (2016) gebundene Ausgabe

DIE JESUS BIOGRAFIE - TEIL I
3. Auflage, Lichtweltverlag (2015) gebundene Ausgabe, (2010) eBook

DIE GROSSE ZEIT IST GEKOMMEN
Lichtweltverlag (2015) gebundene Ausgabe

KRISTALLWÜRFEL DES AUFSTIEGS - MIT ARBEITSBUCH
Lichtweltverlag (2015) Sondereinband

ELIJA PROPHEZEIUNGEN 49 - 65,
FÜR ALLE 4D-WELTEN BIS IN DAS JAHR 3000
Lichtweltverlag (2014) eBook

LICHT I - HEILUNG DURCH GOTT
2. Auflage, Lichtweltverlag (2018) gebundene Ausgabe, (2011) eBook

TELOS, WILLKOMMEN IN AGARTHA
Lichtweltverlag (2014) gebundene Ausgabe, (2015) eBook

LEBEN, BAND I
Lichtweltverlag (2013) gebundene Ausgabe, (2014) eBook

ELIJA PROPHEZEIUNGEN 1-48
Lichtweltverlag (2013) eBook

TROMMELSCHLAG DES SCHÖPFERS
Lichtweltverlag (2013) eBook

OFFENBARUNGEN SANANDA - TEIL II
Lichtweltverlag (2012) eBook

13 SCHLÜSSEL ZUM LEBEN
Lichtweltverlag (2011) eBook

DER LICHTNAHRUNGSPROZESS - GRENZERFAHRUNG IN 21 TAGEN
Lichtweltverlag (2011) eBook

OFFENBARUNGEN SANANDA - TEIL I
Lichtweltverlag (2010) eBook

DIE JESUS BIOGRAFIE - TEIL II
Lichtweltverlag (2011) gebundene Ausgabe, (2010) eBook

2026 OFFENBARUNGEN GOTTES
Lichtweltverlag (2011) gebundene Ausgabe, (2010) eBook

LICHT II
Lichtweltverlag (2009) gebundene Ausgabe, (2010) eBook

Alle Titel erhältlich im Lichtweltverlag - www.lichtweltverlag.at

ERBE VON ATLANTIS

JAHN J KASSL

KRISTALLWÜRFEL DES AUFSTIEGS

Das einmalige Geschenk der „Kristallwürfel für Deinen Aufstieg" wurde mir im Januar 2014, während das Buch „Telos — Willkommen in Agartha" durchgegeben wurde, von ADAMA VON TELOS und den Elohim übertragen.

Seither ist die Aufstiegsdynamik wahrlich ehrfurchtgebietend und längst ist der Punkt in der Zeit erreicht, an dem sich der Wandel auch auf unserer Ebene manifestiert. Nichts beschreibt dies mehr als die Tatsache, dass die alte Welt vor unseren Augen aus den Fugen gerät und dass eine neue Welt Form annimmt. Das beginnt sich abzuzeichnen — täglich mehr, unübersehbar und überdeutlich.

Dabei kommt uns Menschen die größte Aufgabe zu, nämlich sich von den Ereignissen und den Entladungen auf dieser Welt nicht vereinnahmen oder gar übernehmen zu lassen. Es gilt, konstant an die Urquelle allen Seins, an Gott, angebunden zu sein — und es unter allen Umständen auch zu bleiben.

Die Aufstiegsschwingung zu halten, ist das Um und Auf in dieser uns so fordernden Zeit, in der alles existiert — und das zugleich.

Dafür wurde uns ein einmaliges Geschenk übertragen: der „KRISTALLWÜRFEL DES AUFSTIEGS", zurückreichend in die Zeit von Lemurien und Atlantis. Das Geschenk, welches wir aufgrund unserer „Anstrengungen" und „Erfolge" im Aufstiegsprozess heute erhalten:

„ ... seit dem Untergang von Lemurien und Atlantis und dem massiven Macht- und Energiemissbrauch wurde per göttlichem Erlass verfügt, dass keiner Gesellschaft der niederschwingenden Dimensionen (1–4) diese Energien übertragen werden dürfen.

CB11

Aufgrund der enormen Anstrengungen, die ihr über einen sehr langen Zeitraum unternommen habt und der Erfolge, die ihr in diesem Aufstiegsprozess bereits manifestiert habt, wurde dieser göttliche Erlass von der Urquelle allen Seins aufgehoben und es wird euch nun dieses Geschenk übergeben." DIE ELOHIM

Dieses Instrument zur direkten Vermittlung von purer göttlicher Lichtschwingung, kann durch jeden von uns aktiviert werden. Durch die „Aktivierung" wird Heilenergie freigesetzt und die bleibende Anbindung an die Aufstiegsschwingung ist garantiert.

Es gilt, die „Flammen des Aufstiegs" und die „Schwingung der Wahrhaftigkeit und Liebe" tief und fest zu verankern. Dadurch ist der Weg ins Licht geebnet, der Schutz vor jeder dunklen Macht vollkommen und der Aufstieg in die fünfte Dimension des Seins unumkehrbar.

Die Arbeit mit dem Kristallwürfel ist einfach, wenngleich sehr fordernd, da das göttliche Licht unbestechlich ist und wirkt. Sobald der Würfel gefallen ist, wirst Du mit Deinem eigenen Schatten konfrontiert und Du erfährst eine einmalige Begegnung mit Dir selbst.

Jede „Aktivierung" des Kristallwürfels ist ein Auftrag an das göttliche Licht, die Selbstheilung zu erwirken und ist eine Einladung an die Aufgestiegenen Meister, die Erzengel und die himmlischen Lichtwesenheiten, in unsere Gegenwart zu treten und ihr heiliges Werk an uns zu verrichten. Pure göttliche Lichtschwingung, in einer bisher unerreichten Frequenz, flutet unser Wesen und wir vollenden uns in der Liebe und in der Gnade Gottes.

Bitte wende dieses bedeutende Geschenk im vollen Bewusstsein der Kraft und Wirkung an, die davon ausgeht – und im Wissen der Macht und Freiheit, die Dir dadurch verliehen wird.

Eine Verantwortung, der wir heute gewachsen sind, da wir unser dunkles Erbe vom Untergang Lemuriens und Atlantis angenommen, vor Gott erlöst und ins Licht entlassen haben.

Deinem Aufstieg steht heute nichts mehr im Wege. Das heilige Geschenk dafür ist jedem Menschen überreicht: der „KRISTALLWÜRFEL DES AUFSTIEGS“ aus dem Erbe von Atlantis.

In Liebe,
JAHN J KASSL

Kristallwürfel
mit Arbeitsbuch
EUR 79,00

Kristallwürfel
solo
EUR 48,00

JAHN J KASSL
KRISTALLWÜRFEL
DES AUFSTIEGS
LICHTWELT
VERLAG

JAHN J KASSL

CHRISTUSBEWUSSTSEIN 9

ANHÄNGER
GOLD/SILBER

Der Anhänger erfüllt folgende Aufgaben:

- Schutz vor jeder schädlichen, elektromagnetischen Strahlung
- Schutz vor jeder schädlichen, kosmischen Strahlung
- Schutz vor atomarer Strahlung
- Schutz vor allen Schwingungsfeldern, die den menschlichen Zellen schaden (Röntgen, Mikrowelle, etc.)
- Schützt die Aura und versiegelt jene Auraschichten, die bereits geheilt und erlöst sind, sodass keine Angstenergie mehr eindringen kann
- Schutz vor jeder Manipulation und vor jedem Angriff auf die Freiheit des menschlichen Geistes, des Körpers und der Seele (neutralisiert Strichcodes, neutralisiert alle Stoffe in Medikamenten, die den menschlichen Zellen schaden, schützt vor Gedankenkontrolle und zerstört jedes Implantat/jeden Chip, nachdem der Anhänger 90 Tage lang ununterbrochen getragen wurde)
- Heilung und Restrukturierung der menschlichen Zellen; aktiviert die vollständige 12-Strang-DNA des Menschen

- Unterstützt die Entfaltung des Lichtkörpers
- Heilung und Restrukturierung aller Lebensmittel, auch derer, die einer genetischen Veränderung ausgesetzt wurden
- Heilung und Restrukturierung der menschlichen Meridianbahnen
- Heilung aller menschlichen Chakren
- Heilt alle Verletzungen in den Energiekörpern des Menschen
- Unterstützt die Anbindung an die Urquelle allen Seins, an Gott Vater, an Gott Mutter – und ermöglicht die direkte Kommunikation mit den Ebenen des Lichts
- Überträgt Heilenergie aus Atlantis

Alle hier beschriebenen Heilungen und Funktionen weisen auf die höchstmöglichen Potenziale hin, die sich bei jedem Menschen unterschiedlich manifestieren.

Bedenke: Es geschieht immer das, was geschehen darf und soll.

Alle Produkte, die durch den Lichtwelt Verlag angeboten werden, dienen der Heilung des Menschen, jedoch ersetzen diese keine ärztliche Diagnose oder Therapie (siehe AGB 9.9.).

Die Anhänger sind 0,9 mm stark und in drei Größen erhältlich, weiters bieten wir vier verschiedene Silberketten dazu an.

Anhänger GOLD, 14 mm Ø, klein.................................EUR 330,00
Anhänger GOLD, 21 mm Ø, mittel...............................EUR 480,00
Anhänger GOLD, 28 mm Ø, groß.................................EUR 570,00

Anhänger SILBER, 14 mm Ø, klein..............................EUR 57,00
Anhänger SILBER, 21 mm Ø, mittel............................EUR 66,00
Anhänger SILBER, 28 mm Ø, groß..............................EUR 78,00

JAHN J KASSL

DIE JESUS BIOGRAFIE

MEIN LEBEN AUF ERDEN, TEIL 1

Neuveröffentlichung, 3. Auflage

Dieses Buch entfernt das Kreuz aus deinem Leben! Frei von Erfindungen und Manipulationen erfahren Sie in diesem Werk die Wahrheit über das Leben Jesu. Wie und wo verbrachte Jesus seine Kindheit? – Warum wurde Johannes der Täufer wirklich getötet? – Wer war Maria Magdalena? – Wie verwandelte sich Wasser in Wein? – Was sättigte die fünf Tausend? – Wie verstehen wir SEINE Botschaften? – Wodurch erklärt sich das „Phänomen" der Stigmata? – Was ereignete sich in jener Nacht, als Jesus verhaftet wurde, tatsächlich? – Was hat es mit dem „Tod am Kreuz" auf sich? – War das Grab leer? Diesen und vielen anderen Antworten werdet Ihr in diesem Buch begegnen – eine Begegnung, die Euer Leben verändern kann, denn ihr begegnet SEINER Kraft und SEINER ewigen Liebe zu den Menschen. Die direkte Gottes-Erfahrung ist jedem von uns in die Wiege gelegt. Ein falsches Bild vom Leben des Jesus – gekreuzigt und leidend – blockiert uns und macht diese Erfahrung für uns unmöglich. Wer das Kreuz anbetet, dem kann sich nur ein Abgrund auftun, aber nicht das Erhabene und der Erhabene offenbaren.

http://www.lichtweltverlag.at/de/leseproben/lpjesusbiografiei.pdf

Ein Buch für uns selbst und für zukünftige Generationen.

160 Seiten, 11,7 x 16,2 cm, Taschenbuch, ISBN 978-3-9502852-9-1
22,00 EUR inkl. 10 % MwSt. zzgl. Versand

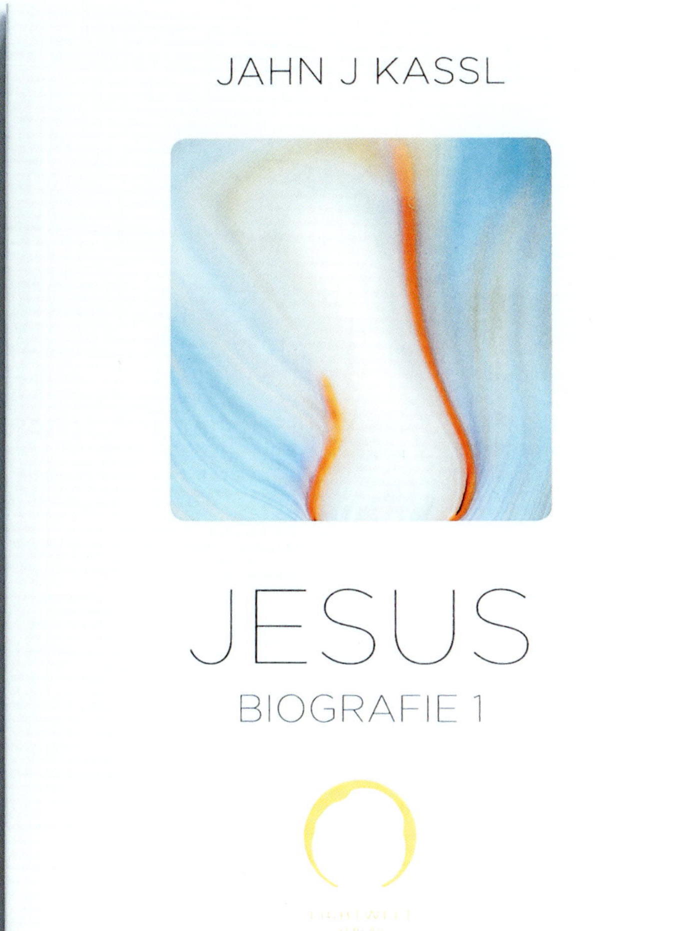
JAHN J KASSL
JESUS
BIOGRAFIE 1

JAHN J KASSL

DIE JESUS BIOGRAFIE

MEIN LEBEN AUF ERDEN, TEIL 2

Fand das letzte Abendmahl tatsächlich statt? Wer war Judas? Gab es den Verrat an Jesus? Wie gestalteten sich die letzten Tage in Jerusalem? Adam und Eva, die Erweckung des Lazarus, Bergpredigt und das Vaterunser im von Jesus gegebenen Wortlaut. Jedoch auch auf die aktuelle Situation auf dem Planeten geht Jesus in diesem Band konkret ein. Kirche und Staat werden zur Umkehr aufgerufen, die Bedeutung der Taufe enthüllt, Bergpredigt und das Vaterunser frei von Einflüssen der katholischen Apologeten gegeben. Dieser Band der Jesus Biografie ist aber weit mehr als die Fortsetzung von Teil I, sondern bringt ein Ausmaß von Liebe auf die Erde, das alles bisher Gewesene bei Weitem übertrifft. Die Erde und wir Menschen haben einen Grad der Entwicklung erreicht, der diese hohen Energien ermöglicht; und durch dieses Buch können wir diese Kraft der Liebe direkt erfahren, sie aufnehmen und in unser Energiesystem integrieren. Eine neue, stärkere Ebene des menschlichen Zusammenseins ist erreicht und die Jesus Biografie II ist das Dokument dafür.

http://www.lichtweltverlag.at/de/leseproben/die-jesus-biografie-teil-ii-leseprobe.pdf

Diesen und vielen anderen Antworten werdet Ihr in diesem Buch begegnen — eine Begegnung, die Euer Leben verändern kann, denn Ihr begegnet SEINER Kraft und SEINER ewigen Liebe zu den Menschen.

182 Seiten, 13,5 x 20 cm, gebunden, ISBN 978-3-9502852-4-6
22,00 EUR inkl. 10 % MwSt. zzgl. Versand

Jahn J Kassl

Die Jesus Biografie

Mein Leben auf Erden

Teil II

LICHTWELT
VERLAG

JAHN J KASSL

LICHT II

Dieses Buch arbeitet mit Ihnen! Es setzt Heilenergie frei und hat die Kraft, Ihr Leben von Grund auf zu verwandeln. Das göttliche Licht wirkt und heilt. Wie befreie ich mich von Ängsten, was bedeuten Hoffnung und Glaube, wie ist mit Erwartung umzugehen, was ist ein Gebet? Sind Ehrgeiz und Sorge nützlich oder nur Ballast? Vom Sterben und Tod, von der Freude und der Sehnsucht nach unserer himmlischen Heimat; davon handelt dieses Buch. Während sie darin lesen, wirkt das göttliche Licht. Die Begleitung Gottes, die Nähe der Engel und Erzengel sowie die Anwesenheit der Aufgestiegenen Meister sind in jedem Moment erfahrbar. Ein Geschenk aus der Einheit allen Seins. Gegeben für alle Menschen dieser Erde.

http://www.lichtweltverlag.at/de/leseproben/lp_licht_iidigital.pdf

171 Seiten, 12,6 x 20 cm, Leinen gebunden,
ISBN 978-3-9502852-0-8
22,40 EUR inkl. 10 % MwSt. zzgl. Versand

Jahn J Kassl
LICHT
II
LICHTWELT
VERLAG

JAHN J KASSL

2026
OFFENBARUNGEN GOTTES

2026 räumt mit jedem Weltuntergangsszenario auf, nimmt uns jede Angst und befreit uns von allen irrigen Annahmen um die Zeit nach 2012. Dieses Buch bietet Einblicke in die Zeit, die jetzt kommt und ist somit von unschätzbarem Wert für uns Menschen, da es den Blick auf das „Goldene Zeitalter" einer erwachten Menschheit freigibt. Das Kommende ist absolut einmalig und es entsteht bereits. Der Wandel der menschlichen Gesellschaft und des Planeten sind nicht mehr zu übersehen. Die Ereignisse nehmen ihren Lauf und der erwachte Mensch kann ihr die tatsächliche Bedeutung abringen. Es ereignet sich: Diese Welt kehrt in das Licht zurück. „Die Offenbarungen Gottes" beschreiben diesen Weg bis in das Jahr 2026 und darüber hinaus.

http://www.lichtweltverlag.at/de/leseproben/lp_2026-buch-v1.pdf

Ein Buch aus dem Sein, für eine Menschheit, die in das Sein zurückkehrt.

117 Seiten, 13,5 x 20 cm, gebunden, ISBN 978-3-9502852-1-5
19,00 EUR inkl. 10 % MwSt. zzgl. Versand

Jahn J Kassl
2026
Offenbarungen Gottes
Manuskript für den Planeten Erde
LICHTWELT
VERLAG

JAHN J KASSL

TELOS

WILLKOMMEN IN AGARTHA

Werden wir aufsteigen oder bleibt alles wie bisher? Was ist Illusion, was ist Wirklichkeit? Haben die Propheten recht oder irren diese, da in der offensichtlichen Welt die Veränderungen spärlich sind, der angekündigte Wandel fern scheint und die innere wie äußere Befreiung der Menschheit auf unerträgliche Weise auf sich warten lassen? Kurz: Bleibt alles gleich oder wird alles anders?

http://www.lichtweltverlag.at/de/leseproben/telos-leseprobe.pdf

Dieses Buch bietet klare Antworten auf diese existenziellen Fragen der Menschen und Antwort auf die „Zukunft“ der Menschheit. „Telos – Willkommen in Agartha“ ist der Schlüssel für Ihren Aufstieg.

197 Seiten, 13 x 19,5 cm, gebunden, ISBN 978-3-9502852-6-0
21,40 EUR inkl. 10 % MwSt. zzgl. Versand

Jahn J Kassl
Telos
Willkommen in Agartha

JAHN J KASSL

DIE GROSSE ZEIT IST GEKOMMEN

Was steht der Menschheit bevor und was ist im Gange? Verändert sich unser Planet? Wie sind die vielen Umbrüche, Konflikte und Kriege zu deuten?

Als böses Omen für den Untergang oder als Vorboten einer neuen lichtvollen Epoche? Aufstieg oder Abstieg der Menschheit? Was ist wahr und wo ist mein Platz in dieser Zeit? Eilt uns der Himmel zur Hilfe oder bleiben wir unserem Schicksal selbst überlassen? Heben sich die Schleier zwischen den Welten? Werden wir sehen woher wir kommen und wer wir wirklich sind?

„DIE GROSSE ZEIT IST GEKOMMEN" (Sananda): In diesem umfassenden Werk breitet sie sich in vielen Einzelheiten vor Ihnen aus. Abläufe und Einzelheiten, die den gegenwärtigen Prozess der planetaren wie individuellen Transformation betreffen, werden eingehend beschrieben und besprochen.

Vor allem aber finden Sie in diesem Buch Antworten auf Ihre Fragen. Dieses Werk ist eine Schatztruhe an klaren wie reinen, an wahrhaftigen und liebevollen Antworten zur „neuen Wirklichkeit" und dem aktuellen Zeitgeschehen.

http://www.lichtweltverlag.at/de/leseproben/dgzigleseprobefinal.pdf

„TAGE VOLLER WUNDER, WOCHEN VOLLER
WENDUNGEN UND MONATE EINER NEUEN WIRKLICHKEIT
SIND ANGEBROCHEN." (Babaji).

242 Seiten, 11,7 x 16,2 cm, Taschenbuch, ISBN 978-3-9502852-8-4
28,60 EUR inkl. 10 % MwSt. zzgl. Versand

JAHN J KASSL
MEISTERDIALOGE 1
DIE GROSSE
ZEIT IST
GEKOMMEN
LICHTWELT
VERLAG

JAHN J KASSL

ES WIRD STILL AUF DIESER WELT

Welche Revolution ist jetzt notwendig? Wie können wir kämpfen? Was geschieht, ehe das große Ereignis alles verändert? Ist eine göttliche Intervention zu erwarten? Wie ist aus spiritueller Sicht mit dem „Nationalgefühl" umzugehen und ist es berechtigt? Gibt es Krieg in Europa oder kommt alles anders? Ist die Einheit aller Menschen nur eine Utopie und unser Aufstieg eine Illusion? Darauf und auf viele weitere Fragen bietet dieses Buch Antworten. In 16 Gesprächen mit Paramahansa Yogananda, Sananda, Babaji, Mutter Maria, Gott, Sai Baba, Meister Kuthumi, Asana Mahatari und Lady Nada werden uns die Zusammenhänge der jetzt die „Not" wendenden Ereignisse enthüllt. Dabei legen wir Ängste ab und gewinnen Zuversicht. Zeile für Zeile fühlen wir uns vom Licht dieser hohen Wesenheiten umgeben und wir beginnen das universelle Wirken Gottes hinter dem irdischen Geschehen wahrzunehmen. In unruhigen Tagen zur Ruhe zu kommen und inneren Frieden zu erlangen, ist das Gebot der Stunde. Dieses Buch zeigt, wie das geht, und ist ein Schlüssel dafür. ES WIRD STILL AUF DIESER WELT ist Nahrung für deine Seele und eine Schatztruhe an Inspiration und Wissen.

http://www.lichtweltverlag.com/de/downloads/es-wird-still-auf-dieser-welt---leseprobe-fina.pdf

„Diese Welt wird Ruhe und die Menschheit wird Frieden finden. Das ist der Menschheit vom Himmel versprochen, das wird durch die Ausrichtung vieler Menschen begünstigt und durch den Willen einzelner Menschen erwirkt." (Sai Baba).

194 Seiten, 11,7 x 16,2 cm, Taschenbuch, ISBN 978-3-9503586-0-5
22,00 EUR inkl. 10 % MwSt. zzgl. Versand

MEISTERDIALOGE 2

JAHN J KASSL

ES WIRD STILL AUF DIESER WELT

LICHTWELT
VERLAG

JAHN J KASSL

30 TORE ZUR ERLEUCHTUNG

Dieses Buch ist Ihr Begleiter durch diese Zeit und ebnet Ihnen den Weg in die Meisterschaft. Stehen Sie vor einer wichtigen Entscheidung, verlangt eine Frage nach dringlicher Antwort? Dieses Buch lässt Ihnen, durch das „zufällige" Aufschlagen einer Seite die Antwort zukommen.

Dieses Werk kann als „Orakel", als Medium eingesetzt werden, damit Sie durch Anrufungen, Übungen oder Verfügungen in unterschiedlichen Lebenslagen Klarheit erhalten. Begleitet werden Sie dabei von Meister St. Germain, Jesus Sananda, Babaji, Kryon, Serapis Bey, Lord Krishna, Lord Maitraya, Meister Hilarion und dem kosmischen Logos ATOS TU NAH'.

Es ist DAS „Buch der Transformation" und begleitet Sie durch die letzten Tore der Erkenntnis. Sie können sicher sein, dass sich die nötigen Wachstumsschritte, die Ihnen dieses Buch am Wege zur Erleuchtung bietet, äußerst zielgerichtet einstellen.

https://lichtweltverlag.at/produkt/30-tore-zur-erleuchtung/

Die Zeit der Ernte ist auch für Sie gekommen. „30 TORE ZUR ERLEUCHTUNG" ist das Buch für Meister, also das Buch für Sie!

180 Seiten, 11,7 x 16,2 cm, Taschenbuch, ISBN 978-3-9503509-0-6
22 EUR inkl. 10 % MwSt. zzgl. Versand

JAHN J KASSL
30 TORE
ZUR
ERLEUCHTUNG
LICHTWELT
VERLAG

JAHN J KASSL
DIE ERDE WIRD NICHT ZERSTÖRT!

Was dürfen wir erwarten, und was kommt auf uns wirklich zu? Fragen, die bereits in den zwei Bänden der Meisterdialoge 1 (»DIE GROSSE ZEIT IST GEKOMMEN«) und 2 (»ES WIRD STILL AUF DIESER WELT«) besprochen wurden und die sich heute auf zwei Szenarien verdichten lassen: »Weltuntergang« oder »Aufstieg«? Und was geschieht bis dahin? Damit beschäftigt sich dieses Buch und darauf geben die Gespräche mit den Aufgestiegenen Meistern Antworten. Die Themen, die in diesem Werk besprochen werden, treffen den Puls der Zeit und durften von mir, stellvertretend für viele Menschen, den Meistern vorgelegt werden: Archonten, Baal-Satan-Verehrung, RFID-CHIP, Transhumanismus, Völkerwanderung nach Europa, Organspende, bedingungsloses Grundeinkommen, Fremdbesetzungen, unsere Kinder..., sind nur einige der Themen, die hier zur Sprache kommen. Zusätzlich, und darin liegt der »praktische Wert« dieses Buches, bieten die Aufgestiegenen Meister SANANDA, LADY NADA, ASANA MAHATARI, SANAT KUMARA und SAI BABA ganz konkrete Hilfestellungen für unseren Alltag und wie wir mit den Energien und Entladungen dieser Zeit umgehen können.

https://lichtweltverlag.at/produkt/die-erde-wird-nicht-zerstoert/

Alles befindet sich im Wandel und die Erde verändert ihr Gesicht. Doch sie bleibt bestehen! »Ihr seid beschützt und die Erde wird nicht zerstört.« (Sananda)

304 Seiten, 11,7 x 16,2 cm, Taschenbuch, ISBN 978-3-9503586-1-2
22 EUR inkl. 10 % MwSt. zzgl. Versand

JAHN J KASSL
MEISTERDIALOGE 3
DIE ERDE
WIRD NICHT
ZERSTÖRT!
LICHTWELT
VERLAG

JAHN J KASSL
KURS
IM
KREIEREN
LICHTWELT
VERLAG

JAHN J KASSL
JETZT BIST DU DA

Dieses „Tagebuch eines Erwachens" umfasst einen Zeitraum von 38 Tagen und ist ein zutiefst ehrlicher Bericht einer spirituellen Wandlung, an deren Ende die konstante Anbindung an das Licht Gottes steht. Während dieser Zeit im Sommer 2007 stand mir Jesus Sananda täglich 24 Stunden bei. Es war die Zeit, in der ich schließlich Gottvertrauen erlangte und in der sich für mich der Schleier zwischen Himmel und Erde für immer hob.

„JETZT BIST DU DA" geht jedoch weit über meine eigene Transformation hinaus, denn es enthält eine Fülle von Botschaften für die ganze Menschheit. Manches erhält rückblickend eine neue Bedeutung und so ist dieses Buch auch ein spannendes Werk spiritueller Zeitgeschichte. Und schließlich das Wichtigste: Jesus lädt durch dieses Buch auch dich ein, dein Gespräch mit IHM zu beginnen.

Für mich waren diese 38 Tage das bis dahin größte Geschenk meines Lebens – und dass ich heute, 10 Jahre später, dieses Geschenk weiterreichen darf, erfüllt mich mit großer Freude.

https://lichtweltverlag.at/produkt/jetzt-bist-du-da/

477 Seiten, 11,7 x 16,2 cm, Taschenbuch, ISBN 978-3-9503586-3-6
24 EUR inkl. 10 % MwSt. zzgl. Versand

JAHN J KASSL

TAGEBUCH EINES ERWACHENS

JETZT BIST DU DA

LICHTWELT VERLAG

JAHN J KASSL

LICHT 1 – HEILUNG DURCH GOTT

„Gegeben für alle Menschen, um Einheit, Frieden und Liebe bleibend auf der Erde zu verankern." (GOTT)

Dieses Buch bringt den Leser mit dem göttlichen Licht und der göttlichen Liebe in Berührung; Blockaden können weichen und Frieden in uns selbst entsteht.

Die Kapitel beleuchten jene Themen, die viele Menschen heute beschäftigen. Wie gehen wir mit Neid, Zorn, Hass, Gier, Enttäuschung oder mit Eifersucht um, und wie können wir Minderwertigkeit, Schuldgefühle, Verzweiflung, Trauer oder Ängste, transformieren und entfernen.

„…der sanfte Strahl des Lichts berührt dein Herz, und der Geist Gottes offenbart dir deine Schönheit." (GOTT)

„Durch diese Zeilen wirkt der Geist Gottes. Seite für Seite erhältst du die Möglichkeit, einen Blick auf deine Themen zu gewinnen – Themen, die jetzt einer Erlösung bedürfen. Durch deine aufrichtige Absicht beginnt das unfehlbare göttliche Licht zu arbeiten – während du liest und Seite für Seite dir begegnest." (GOTT)

https://lichtweltverlag.at/produkt/licht1-heilung-durch-gott/

„Licht 1 – Heilung durch Gott", ist ein Geschenk aus dem Ursprung allen Seins; direkt gegeben für Dich.

184 Seiten, 11,7 x 16,2 cm, Taschenbuch, ISBN 978-3-9503586-4-3
22 EUR inkl. 10 % MwSt. zzgl. Versand

JAHN J KASSL
LICHT1
HEILUNG DURCH GOTT
LICHTWELT
VERLAG

JAHN J KASSL

IM ZEICHEN DES WANDELS

Dieses Buch ist die aktuelle Bestandsaufnahme dieser Zeit und lässt jene Menschen, die die Hoffnung auf eine bessere Welt verlieren, neue Zuversicht schöpfen.

Die Veränderungen auf der Erde sind unübersehbar! Dennoch hat sich bei vielen Menschen eine gewisse „Transformations- und Aufstiegsmüdigkeit" eingestellt.

Die aktuelle Lage stellt sich für mich verkürzt wie folgt dar: Während die Menschen auf unterschiedliche Weise mit den aktuellen Veränderungen umgehen, setzt sich der Umbau der Erde ungemindert fort. In diese Dynamik leuchtet dieses Buch hinein. In 28 Gesprächen mit den Erzengeln und den Aufgestiegenen Meistern wird Licht in Angelegenheiten, die uns alle betreffen, gebracht.

Das Buch zeigt auf, dass wir keinen Grund haben, vom eingeschlagenen Weg des Lichts abzurücken – nur weil sich manche Ereignisse nicht wie erwartet einstellen. Die Parole dieser Tage kann nur lauten: raus aus der Opferrolle und hinein in die Eigenverantwortung. Denn es ereignet sich. Der Umbau der Erde findet jetzt statt und diese Zeit steht unwiderruflich – im Zeichen des Wandels.

https://lichtweltverlag.at/produkt/im-zeichen-des-wandels/

311 Seiten, 11,7 x 16,2 cm, Taschenbuch, ISBN 978-3-9503586-5-0
22 EUR inkl. 10 % MwSt. zzgl. Versand

MEISTERDIALOGE 4

JAHN J KASSL

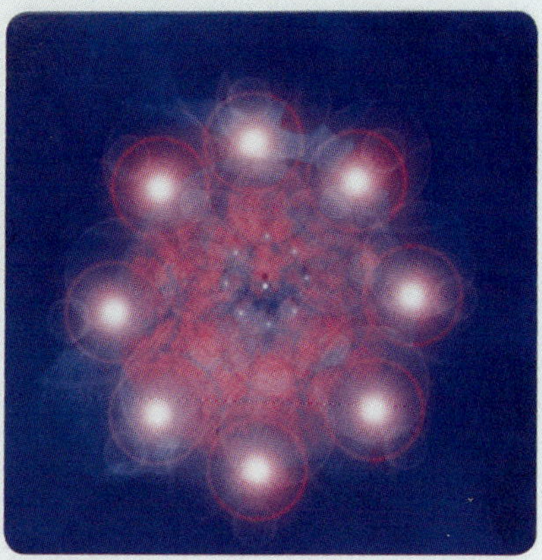

IM ZEICHEN DES WANDELS

LICHTWELT
VERLAG

JAHN J KASSL
KURS ZUR FREIHEIT

Kein Stein bleibt auf dem anderen, und die göttliche Ordnung in dir wird wiederhergestellt.

Der „Kurs zur Freiheit" verändert dein Leben. Sobald BABAJI in dein Leben tritt, wird alles ganz; Halbheiten und Kompromisse enden. Was in Haidakhan *(der Ort in Nordindien, an dem BABAJI von 1970-1984 menschliche Gestalt annahm und wirkte; höchstheiliger universeller Ort, Anm. JJK)* seinen Ausgang nahm, findet hier die Fortsetzung.

Der „Kurs zur Freiheit" ist die Einladung für dich, den Weg zur Quelle, in meiner Obhut zu gehen. Erwählst du dies, dann bin ich da und weiche niemals mehr von deiner Seite. Danach bist du neugeboren, denn danach haben alle Steine, die schwer in deinem Wesen lasten, ihren neuen Bestimmungsort gefunden und du bist frei. Gott ist groß, der ich bin BABAJI – und wir sind eins.

https://lichtweltverlag.at/produkt/kurs-zur-freiheit/

Ich komme zu jenen Menschen, die mich voller Sehnsucht rufen und mit reinem Herzen suchen. Sei dir bewusst.

87 Seiten, 11,7 x 16,2 cm, Taschenbuch, ISBN 978-3-9503586-6-7
17 EUR inkl. 10 % MwSt. zzgl. Versand

JAHN J KASSL

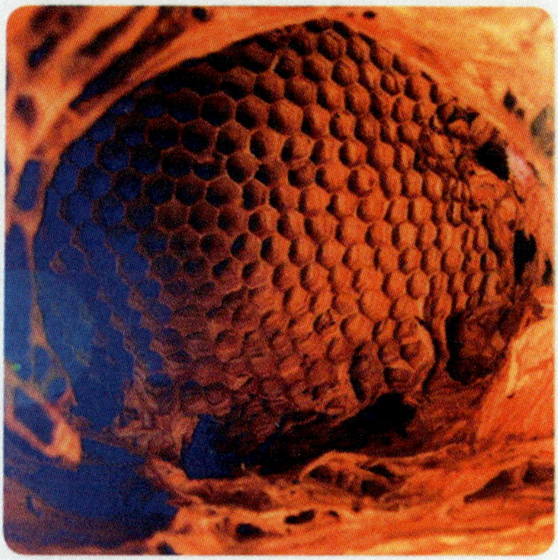

KURS ZUR FREIHEIT

LICHTWELT
VERLAG